LA
PRISE DE PUEBLA

PARIS
IMPRIMERIE DE L. TINTERLIN ET Ce
rue Neuve-des-Bons-Enfants, 3

LA PRISE

DE PUEBLA

—◆◦◊◦◆—

PARIS
E. DENTU, LIBRAIRE-ÉDITEUR
PALAIS-ROYAL, 17 ET 19, GALERIE D'ORLÉANS

1863

Tous droits réservés

LA PRISE DE PUEBLA

Dieu soit loué! — Vive la France! vive l'Empereur et son auguste famille! Voilà enfin, couronnés par un triomphe des plus éclatants, les vœux des Français et de tous ceux qui ont du cœur! Oui, cette nouvelle victoire de l'*armée invincible*, et c'est le titre qui appartient à l'armée française, cette victoire, disons-nous, regarde l'humanité entière, car elle va protéger l'honneur, la vie et les intérêts de milliers d'hommes de toutes nations.

Quand on pense que cette expédition commença avec le concours de l'Angleterre et de l'Espagne, pour délivrer leurs sujets des exactions du quinzième siècle que leur infligeait le Néron mexicain! Une *volte-face* inattendue de la diplomatie, ce caméléon infect, engage la France à soutenir seule dans l'autre hémisphère, l'honneur de tout le monde !... Ceux qui devaient coopérer se retirent, restent spectateurs *impassibles*, et, ce qui est encore plus cruel, ils se posent en prophètes de malheur ! Leurs journaux philanthropes présentaient en guise de consolation, aux parents des braves qui se battaient au Mexique, l'espace énorme qui les sépare de leurs enfants, les fièvres, la famine, l'antipathie des Mexicains contre les Français, etc., etc., etc. Eh bien, messieurs les prophètes ont compté sans la Providence, qui n'abandonne jamais les causes loyales et justes.

Cette poignée de Spartiates modernes sont à Puebla, joyeux de pouvoir envoyer l'heureuse nouvelle à leur chère patrie et à leur bien-aimé Souverain, qui les soutient, même de loin, par son prestige et ses conseils. Personne n'ignore que Puebla, ce nouveau diamant qui va augmenter la splendeur du second Empire, est la clef de Mexico. — Une autre surprise aigre-douce se prépare, avec la *volonté de Dieu;* notre cœur palpitant croit déjà voir arriver la dépêche envoyée par cette miraculeuse expédition —en honneur des vaillants soldats qui y versent leur noble sang avec tant de courage, pour la satisfaction de leur pays et de leur Empereur. Quant aux envieux, ils subiront leur sort. L'envieux, dit un proverbe, est doublement malheureux, car il souffre du bonheur des autres et de ses propres malheurs. —Maintenant, pour se consoler un peu, leur sensibilité se tourne vers les malheurs de la Pologne. A peine la France respire-t-elle le doux parfum de ses lauriers transatlantiques, voilà que ses bons voisins s'occupent de lui procurer de nouvelle besogne. Quel bonheur d'avoir de tels amis, qui songent toujours à ce que la paresse ne prenne pas racine chez les autres.

Leurs journaux officiels, semi-officiels, anti-officiels, et *tutti quanti*, pleurent à chaudes larmes et unissent leurs gémissements à ceux de la Pologne, s'indignent contre la Russie, et c'est encore à la France qu'ils donnent le bon avis de disposer ses braves soldats et ses richesses, pour mettre à la raison le gouvernement russe.

Des discours, des plaidoyers éloquents prononcés avec toute la chaleur du porter, dans les chambres britanniques; des phrases menaçantes et des condoléances écrites dans les bureaux des journalistes, voilà une manière bien commode de protéger les nations, mais qui ne donne pas toujours les fruits désirés. Quand il s'agit d'action — de courage — de sacrifices réels, c'est à vous, Français — marchez! — battez-vous, affaiblissez-vous, — videz vos caisses — pour que vos bons amis puissent un jour sans trembler, inviter sur leur tapis-vert la coalition, cette Méduse infernale.

Eh bien ! non, — ce jour néfaste, — vous n'aurez pas le triste plaisir de le revoir. En auriez-vous l'envie, qu'elle se dissiperait comme une ombre, par l'alliance noble de tous les peuples qui se groupent autour de leur généreux protecteur Napoléon III. Ce grand homme, devant lequel ses ennemis mêmes se prosternent, — est l'Empereur des Français en même temps que le souverain cosmopolite.

En 1859, — 8 février, il prononça de sa voix sympathique et sonore, ces paroles mémorables qui retentirent dans le cœur de l'univers :

« Si l'on me demandait quel intérêt la France
« avait, dans ces contrées lointaines qu'arrose le Da-
« nube, je répondrais que l'intérêt de la France est
« partout où il y a une cause juste et civilisatrice à
« faire prévaloir. Dans cet état de choses, il n'y avait
« rien d'extraordinaire que la France se rapprochât
« davantage du Piémont, qui avait été si dévoué
« pendant la guerre, si fidèle à notre politique pen-
« dant la paix. »

A l'ouverture de la dernière session du Corps Législatif, Napoléon III, toujours conséquent avec son noble cœur, a dit :

« Il n'y a plus de contrée si lointaine où une at-
« teinte portée à l'honneur de la France demeure
« impunie. »

Crimée, — Principautés Danubiennes, — Italie, — Chine, — Cochinchine, — Mexique, ces noms d'impérissable mémoire, écrits en lettres d'or sur les drapeaux victorieux, attestent que la France, guidée par le plus grand homme de l'histoire, ne recule devant aucun danger pour sauvegarder son honneur et pour protéger l'humanité souffrante.

Mais il n'est pas juste non plus que les braves Français deviennent les pompiers de tous les incendies. Quand on est assez peu cosmopolite pour lancer des bombes de discorde et de catastrophe, on doit au moins s'abstenir d'exciter à la lutte les innocents.

Certainement la Pologne est un pays intéressant par son histoire et par ses malheurs ; mais ce n'est pas une raison pour que la France seule subisse les conséquences terribles d'une intervention à la mode du *Times* et de ses collègues.

Alexandre II, depuis son avénement au pouvoir, a fait preuve de libéralisme et de bon sens. Monté sur le trône de ses aïeux au moment où la Russie venait de sortir d'une lutte terrible, il a su concilier toutes les difficultés que présentent les améliorations radicales, surtout dans un pays hétérogène. Il a libéré les serfs, ce qui est un pas très-scabreux ; il a introduit des améliorations pour toutes les branches de l'administration, pour l'instruction publique, pour la presse, etc. On ne peut pas faire de changements instantanés chez des peuples gouvernés par le knout depuis des siècles. L'histoire est là pour nous prouver les tribulations séculaires qu'ont subis tous les grands États du globe, avant d'arriver à la civilisation du dix-neuvième siècle.

Eh bien ! Alexandre II marchait loyalement et courageusement vers ce but, personne ne peut le nier. Il n'aurait pas eu le mauvais goût d'en excepter la Pologne, justement la contrée la plus noble et la plus civilisée de son empire. La preuve de la sollicitude impériale en faveur des Polonais, c'est qu'il a nommé gouverneur à Varsovie son frère, le grand-duc Constantin, un prince très-éclairé et libéral, pour concilier les vrais intérêts de la Pologne avec les justes exigences de l'intégrité de l'Empire russe.

Mais l'hydre des intrigues s'est empressée de lancer sa bave empoisonnée, avant que le gouvernement russe ait eu le temps de mettre en œuvre ses intentions généreuses et bienveillantes envers la Pologne.

Ce sont encore les patriotes et amis qui ont arrangé les affaires si mal à propos.

Dieu veuille inspirer aux braves Polonais plus de modération et de sagesse que celle qui, dans un temps, les a perdus ! Une fois les hostilités commencées entre les sujets et leur souverain, les autres puissances n'ont pas le droit de s'en mêler plus que Napoléon III l'a fait, sans compromettre la dignité nationale et le bonheur de l'État.

La France marche sur des lauriers immortels et repose sous le sceptre invincible de son Empereur, qui saura la rendre tous les jours plus grande, plus prospère et plus glorieuse. Napoléon III, ce grand politique autant qu'intrépide guerrier, n'hésitera pas à tirer son épée en faveur des opprimés, quand les moyens extrêmes lui sembleront indispensables. Mais ne vous attendez pas, ô vous, les sophistes de la protection, n'espérez pas qu'un souverain - père comme notre Empereur, ira risquer la vie de ses enfants pour obéir aux clameurs des mauvais génies. Ne vous essoufflez donc pas pour attiser le feu ; vous savez bien d'où il sort, ce diable boiteux, ce forgeron de la mythologie, ce Vulcain qui aime les îles, ce fameux artiste de filets vengeurs de sa jalousie. Heureusement le bouclier d'Ajax saura résister vaillamment aux menées de qui que ce soit, et la France brillera toujours comme un astre privilégié à l'horizon de la gloire, sous l'égide de Napoléon III, son élu souverain et père.

Encore une fois, vive la France ! vive l'Empereur, l'Impératrice et le Prince Impérial ! Au revoir à Mexico, par la volonté de Dieu et la valeur des braves des braves ! Vive l'armée invincible !

FIN